CATALOGUE

DES

MODÈLES

POUR

BRONZES D'ART, D'AMEUBLEMENT ET D'ÉCLAIRAGE

AVEC DROIT DE REPRODUCTION

POUR

Garnitures de cheminées, Grands groupes décoratifs,
Groupes d'art, Statues, Bustes, Vases, Coupes, Guéridons, Candélabres,
Garnitures de foyer, Divers, etc., etc.

PROVENANT

de la liquidation de la Compagnie Française des bronzes d'art, d'ameublement
et d'éclairage, Jules GRAUX et Cie

DONT LA VENTE AUX ENCHÈRES PUBLIQUES AURA LIEU

QUAI JEMMAPES, N° 62

Les Mardi 3, Mercredi 4, Jeudi 5 et Vendredi 6 Novembre 1885

A 2 HEURES TRÈS-PRÉCISES DE RELEVÉE

Me Auguste DEGAS	M. G. SERVANT
COMMISSAIRE-PRISEUR	EXPERT
Rue de Trévise, 40	Rue de Saintonge, 61

EXPOSITION PUBLIQUE

Les Dimanche 1er et Lundi 2 Novembre 1885, de 10 h. du matin à 4 h. du soir.

PARIS — 1885

CONDITIONS DE LA VENTE

Elle sera faite au comptant.

Les acquéreurs paieront **cinq pour cent** en sus du prix d'adjudication, à valoir sur les frais de la vente.

NOTA. — Tous les modèles portés au présent catalogue sont vendus avec droit de reproduction.

GARNITURES DE CHEMINÉES

1 — Grande pendule, style **Louis XVI** à
   trois gaînes.
   Pièce de grande décoration.

2 — Pendule Louis XVI **Impératrice**.

3 — Candélabre d'accompagnement.

4 — Pendules Louis XVI **Impératrice**.
   Modifiée.

5 — Candélabre d'accompagnement.
   Cette garniture sera vendue avec la garniture n°ˢ 2 et 3.

6 — Pendule **Louis XII**.

SERVANT.

7 — Candélabre d'accompagnement.

SERVANT.

8 — Pendule socle **Neptune**.

SERVANT.

9 — Candélabres **Buire** d'accompagnement.

SERVANT.

10 — Pendule **Néo-Grecque**

DEMAY.

11 — Lampes **Renommée** d'accompagnement.

12 — Pendule **Louis XIV à Cariatides**.

GUILLEMINOT.

13 — Candélabre d'accompagnement.

14 — Pendule **Louis XIV à Cariatides**.
Modifiée.

GUILLEMINOT.

15 — Candélabre d'accompagnement.
Cette garniture sera vendue avec les
nos 12 et 13.

16 — Pendule **Byzantine**.

SERVANT.

17 — Bout de table d'accompagnement.

18 — Pendule **Dévideuse**.

WAGEN.

19 — Candélabre d'accompagnement.

20 — Pendule **Louis XV** R.
Fondu sur ancien.

21 — Candélabres d'accompagnement.

22 — Pendule **Japonaise**.

SERVANT.

23 — Candélabre d'accompagnement.

SERVANT.

24 — Pendule Louis XVI, **Enfants à la fontaine.**

25 — Candélabre d'accompagnement.

26 — Pendule Renaissance **François Ier**, groupe **Triboulet.**

27 — Candélabre d'accompagnement.

28 — Pendule **Renaissance,** n° 103.

Demay.

29 — Candélabre d'accompagnement.

30 — Pendule **Bœuf Apis.**

31 — Candélabre d'accompagnement.

32 — Pendule **Mazarin.**

Servant.

33 — Vases d'accompagnement.

Servant.

34 — Pendule Louis XVI, **Enfants, les Sciences.**

35 — Candélabre d'accompagnement.

36 — Pendule Louis XVI, **Enfants aux fleurs.**

37 — Candélabre d'accompagnement.

38 — Pendule Louis XVI, **Hamac.**

39 — Candélabre d'accompagnement.

40 — Pendule **Louis XVI.**

THYS.

41 — Candélabre d'accompagnement.

42 — Pendule **Louis XVI, Sphynx.**

43 — Candélabre d'accompagnement.

44 — Pendule **Louis XVI, Trophée.**

45 — Socle **Louis XV.**

46 — Candélabre d'accompagnement **à enfants.**

47 — Pendule **Louis XV, Aurore.**

48 — Candélabre d'accompagnement.

49 — Pendule **Bacchante à l'enfant.**

50 — Candélabre d'accompagnement.

51 — Pendule **Louis XV, Char de l'Amour.**

52 — Candélabre d'accompagnement.

53 — Pendule **Louis XV, Char de l'Amour.**
Réduction du précédent.

54 — Candélabre d'accompagnement.
Cette garniture sera vendue avec les n°s 51-52.

55 — Pendule Louis XV, **Enfants, Vendange et Moisson.**

56 — Candélabre d'accompagnement.

57 — Pendule **Louis XV.**
NICOLAS.

58 — Candélabre d'accompagnement.

59 — Pendule **Louis XV.**

BÉRAIN.

60 — Candélabre d'accompagnement.

61 — Pendule **Éducation maternelle.**

62 — Candélabre d'accompagnement.

63 — Pendule **Joueuse de mandoline.**

64 — Candélabre d'accompagnement.

65 — Pendule enfants, **les Saisons.**

66 — Candélabre d'accompagnement.

67 — Pendule enfants, **les Saisons.**
Modifiée.

68 — Candélabre d'accompagnement.
Cette garniture sera vendue avec les
n°ˢ 65-66.

69 — Pendule **Temple.**

70 — Candélabre d'accompagnement.

71 — Pendule **Masque de Jupiter.**

72 — Bout de table d'accompagnement.

73 — Pendule **Louis XIV, Soleil.**

74 — Candélabre d'accompagnement.

75 — Pendule **Louis XIV** Monceau.

GUILLEMINOT.

76 — Candélabre d'accompagnement.

77 — Pendule **Louis XV, Tête de lion.**
Grand modèle.

78 — Candélabre d'accompagnement.

79 — Pendule **Têtes de lion.**
Autre modèle.

80 — Candélabre d'accompagnement.

81 — Pendule **Pompeï.**

82 — Candélabre d'accompagnement.

83 — Pendule **Chimères.**

84 — Candélabre d'accompagnement.

85 — Pendule **Ariane.**

86 — Candélabre d'accompagnement.

87 — Pendule **Diane de Gabie.**

88 — Candélabre **vase Bacchanale** d'accompagnement.

89 — Pendule **Femmes.**
Fondu sur ancien.

90 — Candélabre d'accompagnement.

91 — Pendule **Galathée.**

92 — Candélabre d'accompagnement.

93 — Pendule **Astronomie.**

94 — Pendule **Femme étude.**

95 — Pendule **Louis XVI.**

DELAMOTTE.

GRANDS GROUPES, GROUPES MOYENS, STATUETTES

96 — Groupe **Faune et Bacchante,** n° 1.
(Haut. 1,10).

DEBUT.

97 — Groupe **Faune et Bacchante,** n° 2.

DEBUT.

98 — Groupe **Génie aux griffes de la Misère** (haut. 1,10).

BARTHOLDI.

99 — Groupe **Génie aux griffes de la Misère,** n° 2.

BARTHOLDI.

100 — Groupe **Génie aux griffes de la Misère,** n° 3.

BARTHOLDI.

101 — Statuette **Salomé,** n° 1.

DUMAIGE.

102 — Statuette **Salomé,** n° 2.

DUMAIGE.

103 — Statuette **Salomé,** n° 3.

DUMAIGE.

104 — Groupe **Enée et Anchise,** n° 4 (Haut. 0,92).

105 — Groupe **Léda,** grand modèle. L'original est au Musée du Louvre. (Haut. 0,78).

106 — Groupe **Moïse,** grand modèle.
  (Haut. 0,95).   MICHEL-ANGE.

107 — Groupe **Moïse,** petit modèle.

108 — Groupe **Penseur,** grand modèle.
  (Haut. 0,95).   MICHEL-ANGE.

109 — Groupe **Julien de Médicis.**
  (Haut. 0,95).   MICHEL-ANGE.

110 — Groupe **Le Baiser,** (haut. 0,73).
        CLÈRE, d'après MARIN.

111 — Groupe **Daphnis,** (haut. 0,70).
        BULIO.

112 — Groupe **Chloë,** (haut. 0,70).
        BULIO.

113 — Groupe **Trois Grâces.**
        GERMAIN-PILON.

114 — Groupe **Enfants au Nid**, grand modèle, (haut. 0,74).

MACHAUX.

115 — Groupe **Enfants Pipeaux**, grand
modèle, (haut. 0,74).

MICHAUX.

116 — Groupe **Faune et Bacchante**.

D'après CLODION.

117 — Groupe **Triomphe de Bacchus
enfant**.

D'après CLODION.

118 — Groupe **Bacchante éperdue**.

LÉVÊQUE, d'après CLODION.

119 — Groupe **Sommeil**.

120 — Groupe **Marie Leczinska**, nº 1.

G. COUSTOU.

121 — Groupe **Marie Leczinska,** nᵒ 2.

G. Coustou.

122 — Groupe **Les Parques.**

D'après Phidias.

123 — Groupe **Bacchante aux roses**

Bulio.

124 — Groupe **Bouquetière.**

125 — Groupe **Enfant au Miroir.**

Mathurin Moreau.

126 — Groupe **Voltaire.**

Houdon.

127 — Groupe **Mars,** reproduction antique.

128 — Groupe **Enfant à la Panthère.**

Mathurin Moreau.

129 — Groupe **Enfant aux Pipeaux**.

130 — Groupe **Amour captif**.

JAQUET.

131 — Groupe **Printemps**.

RANCOULET.

132 — Groupe **Automne**.

RANCOULET.

133 — Groupe **Circé**.

134 — Groupe **Harmonie**.

SALMSON.

135 — Groupe **Première Pensée**.

MAGE.

136 — Groupe **Odalisque**.

137 — Groupe **Faune assis**.

138 — Groupe **Didon.**

139 — Groupe **Bélisaire.**

140 — Groupe **Démosthènes.**

141 — Groupe **Première Pensée.**

142 — Groupe **Joueuse de Bilboquet.**

143 — Groupe **Hésitation.**

144 — Groupe **Méditation.**

145 — Groupe **Amour désarmé.**

JAQUET.

146 — Groupe **Fortune.**

147 — Groupe **Éducation maternelle.**

148 — Groupe **Trois enfants à l'Oiseau**.

JACQUES GAUTHIER.

149 — Groupe **François Ier** à cheval.

MORIS.

150 — Groupe **Henri VIII** à cheval.

MORIS.

151 — Groupe **Figaro**.
Moulage sur ancien.

152 — Groupe **Bouquetière**.

153 — Groupe **Sanson**.

D'après MICHEL-ANGE.

155 — Groupe **Joueuse d'osselets** avec ter-
rasse.

156 — Groupe **Joueuse d'osselets** sans ter-
rasse.

157 — Groupe **Ajax combattant.**

Antique.

158 — Groupe **Femme à la Coquille.**

Debay.

159 — Groupe **Premier pas de l'Enfance.**

160 — Groupe **Source, n° 1.**

D'après Marin.

161 — Groupe **Source, n° 2.**

D'après Marin.

162 — Groupe **Jupiter tonnant.**

D'après l'antique.

163 — Groupe **Enfant Pasteur.**

D'après Germain-Pilon.

164 — Groupe **Enfant au Nid.**

165 — Groupe **Cérès** antique (dite Julie).

166 — Groupe **Centaure** (enlèvement de Déjanire).

167 — Groupe **Bonaparte au Désert.**

168 — Groupe **Lion.**

HEIZLER, élève de Barye.

169 — Groupe **Lionne.**

HEIZLER.

170 — Groupe **Premier Pas** (Ours et son petit).

FRATIN.

171 — Statuette **Faust**, (haut. 0,85).

BOISSEAU.

172 — Statuette **Pandore**, n° 1.

(Haut. 0,95).

PRADIER.

173 — Statuette **Pandore,** n° 2.

PRADIER.

174 — Statuette **Pandore,** n° 3.

PRADIER.

175 — Statuette **Mignon**.

(Haut. 0,80).

BOISSEAU.

176 — Statuette **Ophélie,** n° 1.

(Haut. 0,85).

DEBUT.

177 — Statuette **Ophélie,** n° 2.

(Haut. 0,60).

DEBUT.

178 — Statuette **Baigneuse,** n° 1.

(Haut. 0,82).

FALCONNET.

179 — Statuette **Baigneuse,** n° 2.

FALCONNET.

180 — Statuette **Baigneuse**.

(Haut. 0,85).

ALLEGRAIN.

181 — Statuette **Contemporaine**

(Haut. 0,90).

CHATROUSSE.

182 — Statuette **Contemporaine**.

(Haut. 0,60).

CHATROUSSE.

183 — Statuette **Pitre au Tambour**.

(Haut. 0, 90).

PARTY.

184 — Statuette **Pitre cagneux**

(Haut. 0, 90).

PARTY.

185 — Statuette **Hermès fluteur**.
Grandeur de l'Original.

BRITISH-MUSEUM.

186 — Statuette **Diane de Gabie,** n° 1.

187 — Statuette **Diane de Gabie,** n° 2.

188 — Statuette **Diane de Gabie,** n° 3.

189 — Statuette **Diane de Gabie,** n° 4.

190 — Statuette **Vénus de Milo,** n° 1.

191 — Statuette **Vénus de Milo,** n° 2.

192 — Statuette **Vénus de Milo,** n° 3.

193 — Statuette **Henri IV enfant,** n° 1.

194 — Statuette **Henri IV enfant,** n° 2.

195 — Statuette **Henri IV enfant,** n° 3.

196 — Statuette **Henri IV enfant,** n° 4.

Par le baron Bosio.

197 — Statuette **Clio.**

d'après l'antique.

198 — Statuette **Géométrie.**

JEAN DE BOLOGNE.

199 — Statuette **Vénus.**

JEAN DE BOLOGNE.

200 — Statuette **Printemps.**

201 — Statuette **Été.**

202 — Statuette **Automne.**

203 — Statuette **Hiver.**

204 — Statuette **Message.**

205 — Statuette **Rêverie.**

206 — Statuette **Enfant à la toupie.**

JAQUET.

207 — Statuette **Femme à la Chemise.**

PRADIER.

208 — Statuette **Joueuse de Castagnettes.**

OTTIN.

209 — Statuette **Guerrier.**

210 — Statuette **Zouave.**

211 — Statuette **Berger.**

OTTIN.

212 — Statuette **Bergère.**

OTTIN.

213 — Statuette **Esclave.**

MICHEL-ANGE.

214 — Statuette **Esclave.**

MICHEL-ANGE.

215 — Statuette **Minerve au Cimier.**

STATUES, GROUPES D'ANIMAUX
(LA SCULPTURE SEULEMENT)

---

216 — Statue **Une Contemporaine.**
Plâtre seulement.

Grandeur nature.

CHATROUSSE.

217 — Statue **Abondance,** n° 1
Plâtre seulement.

Vente Victor Paillard.

218 — Statuette **Abondance,** n° 2.
Plâtre seulement.

Vente Victor Paillard.

219 — Groupe **Éléphant d'Afrique et Lionne.**
Plâtre seulement.

(Haut. 0,55).
(Long. 0,80).
Heizler.

220 — Groupe **Taureau, Auroch et Ours.**
Plâtre seulement.

(Haut. 0,79).
(Long. 0,50).
Heizler.

221 — Groupe **Lionne.**
Plâtre seulement.

Heizler.

BUSTES

---

222 — Buste **Marie d'Étrurie.**

EUGÈNE ROBERT.

223 — Buste **Diane.**

HOUDON.

224 — Buste **Primavera.**

BOISSEAU.

225 — Buste **Primavera,** avec bonnet phry-
gien.

BOISSEAU.

Sera vendu avec le n° **224.**

226 — Buste **Vierge,** n° 1.

BULIO.

227 — Buste **Béranger.**

228 — Buste **Ajax**.

229 — Buste **Molière**, n° 1.

HOUDON.

230 — Buste **Molière**, n° 2.

HOUDON.

231 — Buste **Homère**.

232 — Buste **Dubarry**.

233 — Buste **Corneille**.

234 — Buste **Shakespeare**.

235 — Buste **Marceau**

236 — Buste **Fénelon**.

237 — Buste **Voltaire**.

HOUDON.

238 — Buste **Bonaparte.**

239 — Buste **Boileau.**

240 — Buste **Lafontaine.**

241 — Buste **Racine**, n°1.

242 — Buste **Racine**, n° 2.

243 — Buste **Ariane.**

Antique.

244 — Buste **Cléopâtre.**

————

VASES, COUPES, FLAMBEAUX, BOUTS DE TABLE, CARTELS

245 — Vase Versailles **Sirène,** n° 1.

246 — Vase Versailles **Sirène,** n° 2.

247 — Vase Versailles **Têtes de Sanglier,** n° 1.

248 — Vase Versailles **Têtes de Sanglier,** n° 2.

249 — Vase Versailles **Signes du Zodiaque,** n° 1.

250 — Vase Versailles **Signes du Zodiaque,** n° 2.

251 — Vase Versailles **Mascarons**.

Grand modèle.

252 — Vase **Cratère**, n° 1.

253 — Vase **Cratère**, n° 2.

254 — Vase **Cratère**, n° 3.

255 — Vase **Gaudrons**, n° 1.

Servant.

256 — Vase **Gaudrons**, n° 2.

Servant.

257 — Vase **Gaudrons**, n° 3.

Servant.

258 — Vase **Soscibius**, n° 1.

259 — Vase **Soscibius**, n° 2.

260 — Vase **Tête de Lion.**

ARSON.

261 — Vase **Volubilis.**

262 — Grand **Vase Renaissance.**

CROZATIER.

263 — Coupe **Platane**

264 — Coupe **Camée.**

265 — Coupe **Chasse.**

266 — Coupe **Médaille Assyrienne.**

267 — Coupe **Collier.**

268 — Coupe **Empereurs.**

269 — Coupe **Mauresque.**

270 — Coupe **Nénuphars.**

271 — Coupe **Médaillons.**

CHOISELAT.

272 — Coupe **Lierres.**

DIÉTERLIN.

273 — Coupe **Bas-reliefs.**

BIÈS.

274 — Coupe **émaillée.**

DIÉTERLIN.

275 — Coupe grande **Egyptienne.**

276 — Coupe **Enfant Silence.**

277 — Coupe **Feuilles d'eau.**

278 — Coupe **Vigne** à anses.

279 — Flambeau **Masque de Comédie.**

280 — Flambeau **Louis XV** gravé.

281 — Flambeau **Louis XV**, petit.

282 — Flambeau **Louis XV**, rinceaux.

283 — Flambeau **Tête de Faune**.

284 — Flambeau **Chardons**.

285 — Flambeau à **Canaux**.

286 — Flambeau **Végétation**.

287 — Flambeau **Roseaux**.

288 — Flambeau **Bacchante assise**.
Avec contre-partie.

289 — Flambeau **Mauresque** (bas).

Flambeau **Mauresque** (haut).

Flambeau **Héron**.

290 — Flambeau **Renaissance à jour**.

291 — Flambeau **Louis XVI Lyre**.

292 — Flambeau **Danseur**.

Flambeau **Danseuse**.

293 — Flambeau **Louis XIII**.

Servant.

294 — Flambeau à **Palmettes**.

295 — Flambeau **Insectes**.

296 — Flambeau à **Vase**.

297 — Flambeau uni à **Buste et Coupe.**

298 — Flambeau uni à **Balustre**.

299 — Flambeau **Pied de biche.**

300 — Flambeau **Renaissance.**

Demay.

301 — Flambeau Vase **Tige Serpent.**

302 — Bout de table à **Palmettes.**

303 — Bout de table à **Canaux.**

304 — Bout de table à **Griffes.**

305 — Bout de table **Papillon.**

306 — Bout de table pieds à **Palmettes.**

307 — Bout de table **Tête.**

CHOISELAT.

308 — Bout de table à **Anneaux.**

309 — Bout de table **Mauresque.**

310 — Bout de table à **Jour.**

311 — Bout de table **Chimères.**

CARRIER.

312 — Bout de table **Plateau.**

313 — Bout de table **Vide-poche.**

314 — Cartel **Delamotte.**

NÉO-GREC.

315 — Cartel **Louis XV à rubans.**

GUÉRIDONS

---

316 — Guéridon **Grec**.

DEMAY.

317 — Guéridon **Louis XVI** à Cariatides.

318 — Guéridon **Japonais**.
Vente Marnyhac.   PIAT.

CANDÉLABRES, LAMPES

---

319 — Grand Candélabre **Byzantin**.

320 — Grand Candélabre **Faune et Bacchante.**

> D'après Clodion.

321 — Candélabre **Louis XIV, Sphynx.**
Fondu sur ancien.

322 — Candélabre **Aristide.**

323 — Candélabre femmes **Canéphores.**

324 — Candélabre **Grec.**

> Laisné.

325 — Candélabres **Cariatides.**

> Busson.

326 — Candélabre **Grec tige Insectes.**

327 — Candélabre **Coupe.**

> Froment.

328 — Candélabre **Nid.**

329 — Grande Lampe **Louis XIV.**

BUSSON.

330 — Lampe Grecque à **Bas-reliefs.**

331 — Lampe **Louis XVI, anse Tête de Faune.**

332 — Lampe **Diéterlin.**

333 — Lampe **Louis XIV Médaillon.**

334 — Lampe anses **Tête de Dauphin.**

D'après CLODION.

335 — Lampe **Froment.**

336 — Lampe **Louis XIV.**

BUSSON.

337 — Lampe **Louis XVI.**

PAILLARD.

GARNITURES DE FOYER

---

338 — Chenet **Jour et Nuit.**

Grand modèle.

339 — Chenet **Jour et Nuit.**

Petit modèle.
Sera vendu avec le n° 338.

339 *bis* — Chenet **Couronne de Roses.**

340 — Chenet **Console et Médaillons.**
Sans bande.

341 — Chenet anses à **Têtes d'Homme.**

342 — Chenet **Volute et Guirlandes.**
Porte-pinces.

343 — Chenet **Rinceaux et Guirlandes.**
Porte-pinces.

344 — Chenet **Grec à Boules.**
Petit modèle.
Le même se fait avec boule marbre.
Sera vendu avec le n° 349.

345 — Chenet **Grec à Boules.**
Grand modèle.
Le même se fait avec boule marbre.

346 -- Chenet **Grec à Griffes et Sphynx.**

347 — Chenet **Grec à Lampes et Griffes.**

348 — Chenet **Grec Enfants frileux.**

349 — Chenet **Consoles et Lampes.**

350 — Chenet **Pyramide et têtes de Chimères.**

351 — Chenet **Louis XVI à Franges et Lions,** sans bande.

352 — Chenet **Tête d'Ange,** uni.

353 — Chenet **Chimère Lesueur.**
Grand modèle.
Petit modèle sans bas-socle ni bande.
Le même avec bas-socle et bande.

354 — Chenet **Grec à Lampe,** Colonne et Sphynx.

GAUTIER.

Le même se fait avec application marbre.

355 — Chenet genre **Fer forgé.**

356 — Chenet **Flamand.**

357 — Chenet **Louis XV** à ornements, virgule et bande.

358 — Chenet **Egyptien.**

359 — Chenet **Egyptien.**
Modifié.
Sera vendu avec le n° 358.

360 — Chenet **Volute à gaînes.**
Bas-socle et bande.

361 — Chenet **Palmette.**

362 — Chenet **Gaudrons.**
Porte-pince.

363 — Chenet **Louis XIV console** et **Têtes de Lion.**

364 — Chenet **Louis XVI, Vases de la Reine.**

365 — Chenet **Louis XIV, Têtes de Femmes.**

366 — Chenet même modèle moyen et bande.
Sera vendu avec le n° 365.

367 — Chenet **Grands enfants frileux.**
Fonte seulement.

368 — Chenet Galerie petits **Vases grecs.**

369 — Chenet galerie **Socles et vases antiques.**

370 — Chenet galerie **Pommes de pin.**
Boule à rosaces.

371 — Chenet galerie grecque à **Plates bandes.**
Boule à rosaces.

372 — Chenet galerie, **Borne unie.**
Boule Louis XV n° 4 à anses.

373 — Chenet galerie, **Balustres.**
Vases Palmettes.

374 — Chenet galerie **unie à Biseaux.**
Petite boule.

375 — Chenet galerie, **Balustres unis.**
Boule tête de Chimère.

376 — Chenet **Galerie unie.**
Deux bandeaux enfilage flamand.

377 — Chenet galerie **Vénitienne.**

378 — Chenet galerie pans coupés gravés
Vases Gaudrons.

379 — Chenet galerie **Pyramides.**

380 — Grand Chenet **Cymier.**
Plâtre seulement.

381 — Chenet **Louis XVI,** ancien, Socle à
perles et **Enfants frileux,** sans
bande.
Modèle agrandi.
Le même avec bande.

382 — Chenet **Louis XV à griffes.**

383 — Feu **Louis XVI**.

Weygand.

384 — Feu **Louis XV, Feuilles à gau-drons.**

385 — Feu Louis XIV, **Vases têtes de Lion et Guirlandes.**

386 — Feu Louis XVI, **Balustres.**

1er modèle.

387 — Feu Louis XVI, **Balustres.**

2° modèle.

388 — Feu Louis XVI, **Balustres.**

3e modèle.

389 — Chenet genre **Ferrure fleurs.**

390 — Chenet **Louis XIV,** à Colonne tronquée et Vase.
Fondu sur ancien.

391 — Chenet **Louis XVI à flammes**.
Fondu sur ancien.

392 — Chenet **Louis XIII à pans** sur fer-
rures forgées.

393 — Chenet **Cassolette,** sans bande.
Le même avec bande.

394 — Chenet **Frise à rosaces**.

395 — Feu grec à **Vase**.

BESSONNET.

Le même avec bande.

396 — Chenet **Lion et chevaux.**
Grand modèle.

397 — Chenet **Lion et chevaux.**
autre modèle.

398 — Chenet **Lion et chevaux**.
autre modèle.

399 — Chenet **tête d'Ange.**
      Boule gravée sans bas-socle, ni bande.
      Le même, boule à fleurs de Lys.
      Le même, bas-socle et bande, boule
         gravée.
      Le même, boule marbre.
      Le même, à bas-socle et bande élevés.

400 — Chenet **Tête d'Ange.**
      Petit modèle

401 — Chenet **Louis XVI**, socle carré à per-
      les et enfants, sans bande.
      Le même, avec bande.

DIVERS

402 — Médaillon **Gambetta.**
         3 grandeurs.
           Riou.

403 — Médaillon **J. Grévy**.

Riou.

404 — Médaillon **la République**.

2 grandeurs.

Riou.

405 — Médaillon **Brisson**.

Riou.

406 — Encrier **Bas-reliefs**.

407 — Encrier **Taureaux**.

408 — Encrier **Végétation**.

409 — Encrier **Grec à anses**, plateau marbre.

410 — Encrier grec **Palmettes**.

411 — Encrier à **Gaîne**.

Carrier.

412 — Flambeau composé des mêmes éléments.
Sera vendu avec le n° 411.

413 — Porte-allumettes **Houblon**.

414 — Coffret **Louis XV**.

415 — Coffret **Louis XIV**.

416 — Cendrier **Poule**.

417 — Cadre **Louis XVI**.

418 — Cadre **Ovale**.

419 — Cadre à **Perles**.

420 — Vide-poche **Enfant**.

CUMBERWORTH.

421 — Bénitier **Louis XV**.

422 — Bénitier **Louis XIII**.

FIN

Paris. — Imp. Raimon et Roudhloff, 61, r. Rodier.